Catalogage avant publication de Bibliothèque et Archives nationales
du Québec et Bibliothèque et Archives Canada

Corbeil, Jean-Claude
Mon premier visuel
Comprend un index.
Pour enfants.

ISBN 978-2-7644-2946-4
1. Dictionnaires illustrés pour la jeunesse français. 2. Français (Langue) -
Dictionnaires pour la jeunesse. I. Titre.

PC2629.C6592 2015   j443'.17   C2015-940585-8

Dépôt légal : 2015
Bibliothèque nationale du Québec
Bibliothèque nationale du Canada

Mon Premier Visuel français a été créé et conçu par

QA International, une division de
Les Éditions Québec Amérique inc.
7240, rue Saint-Hubert
Montréal (Québec) H2R 2N1 Canada
Tél. : 514 499-3000 Téléc. : 514 499-3010

ikonet.com
quebec-amerique.com
qa-international.com

Nous reconnaissons l'aide financière du gouvernement du Canada par
l'entremise du Fonds du livre du Canada pour nos activités d'édition.

Les Éditions Québec Amérique inc. tiennent également à remercier
l'organisme suivant pour son appui financier :

Gouvernement du Québec – Programme de crédits d'impôts pour l'édition
de livres – Gestion SODEC.

Canada   SODEC Québec

Imprimé et relié en Chine.
12 11 10 9 8 7 6 5 4 3   24 23 22 21
PO 833 Version 4.0.0

AUTEURS
Jean-Claude Corbeil
Ariane Archambault

DIRECTION
Président : Jacques Fortin
Directrice générale : Caroline Fortin
Directrice des éditions : Martine Podesto

CONCEPTION ÉDITORIALE ET RÉDACTION
Idée originale et conception de la table des matières :
Jean-Claude Corbeil et Ariane Archambault
Éditrice : Any Guindon
Recherches terminologiques : Jean Beaumont,
Catherine Briand, Nathalie Guillo, Anne Rouleau

CONCEPTION GRAPHIQUE
Nathalie Caron et Pascal Goyette

CONCEPTION DE LA COUVERTURE
Anouk Noël

ILLUSTRATIONS
Anouk Noël
Carl Pelletier
Alain Lemire
Jean-Yves Ahern
Pascal Bilodeau
Yan Bohler
Mélanie Boivin
François Escalmel
Rielle Lévesque
Michel Rouleau
Claude Thivierge
Mamadou Togola
Raymond Martin

VÉRIFICATION D'ÉPREUVES
Myriam de Repentigny

PRODUCTION
Coordinatrice du projet : Claude Laporte
Gestion des données : John Sebastián Díaz Álvarez
Responsable de l'impression : Mylaine Lemire
Responsables du prépresse : François Hénault
Nicolas Ménard
Marylène Plante-Germain

RÉVISION
Liliane Michaud

CONSEILLER PÉDAGOGIQUE
Roch Turbide

Table des matières

Le corps

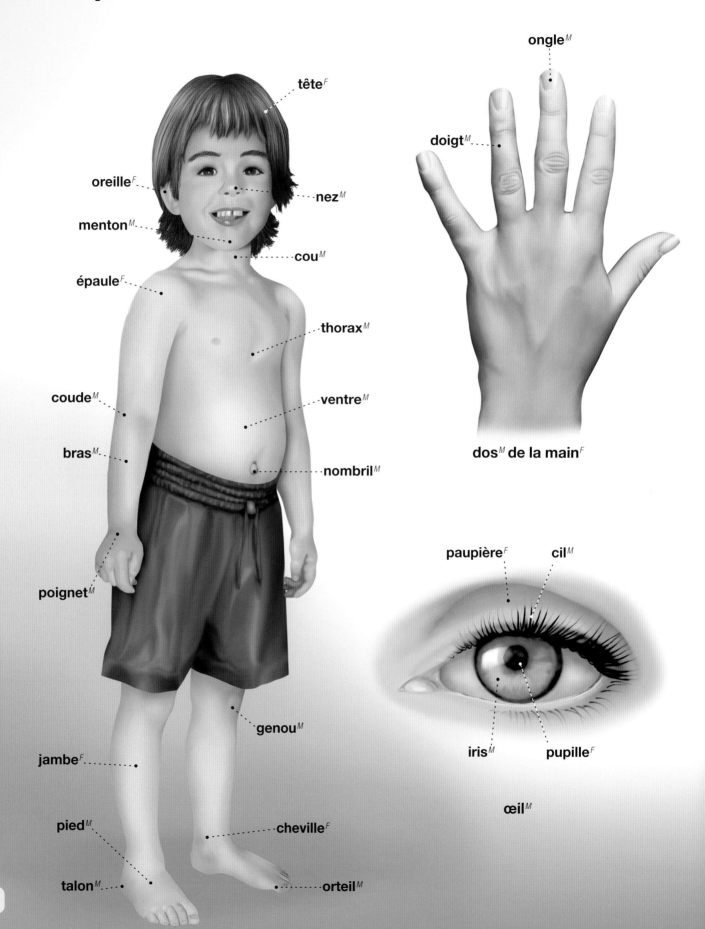

ongle^M

doigt^M

dos^M de la main^F

tête^F

oreille^F

nez^M

menton^M

cou^M

épaule^F

thorax^M

coude^M

ventre^M

bras^M

nombril^M

poignet^M

paupière^F

cil^M

iris^M

pupille^F

œil^M

genou^M

jambe^F

pied^M

cheville^F

talon^M

orteil^M

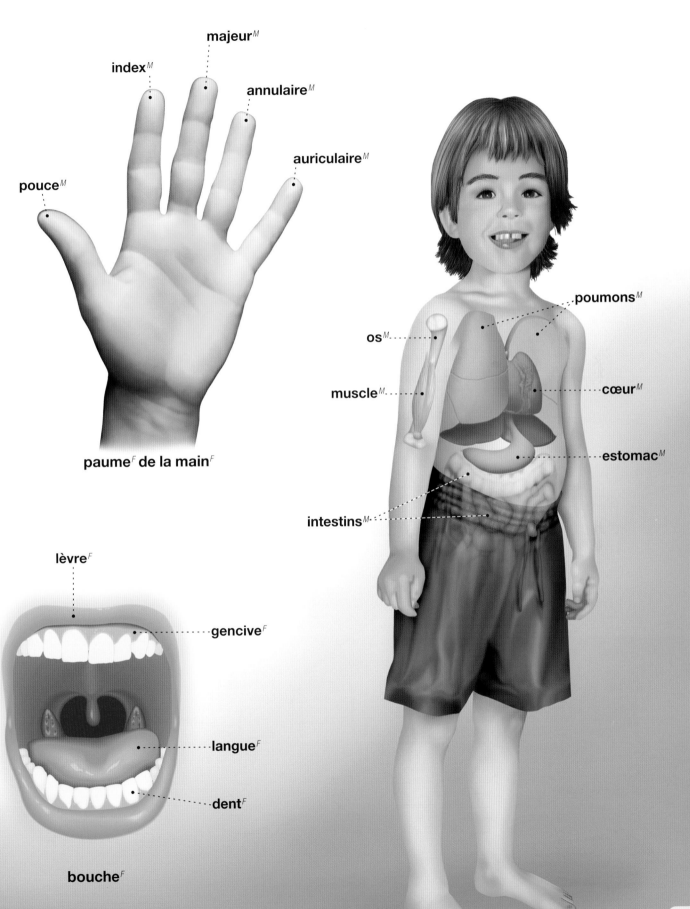

majeur^M

index^M

annulaire^M

auriculaire^M

pouce^M

paume^F de la main^F

poumons^M

os^M

muscle^M

cœur^M

estomac^M

intestins^M

lèvre^F

gencive^F

langue^F

dent^F

bouche^F

Le corps en mouvement

être assis · marcher · courir · sauter

ramper · dormir

module^M de jeux^M · tunnel^M · glissoire^F

sourire

être surpris

rire

avoir peur

être fâché

crier

pleurer

en haut

dans

à côté

en bas

devant

derrière

sous

sur

Les vêtements

chaussure^F de sport^M

lacet^M

languette^F

talon^M

semelle^F

sandale^F

polo^M

anorak^M

cardigan^M

T-shirt^M

ceinture^F

jean^M

col^M roulé

bretelle^F

braguette^F

salopette^F

jupe^F

robe^F

slip^M

gants^M

chemise^F

col^M

manche^F

poche^F

bouton^M

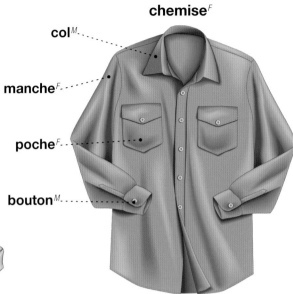

caleçon^M

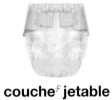
couche^F **jetable**

pyjama^M

chaussettes^F

slip^M **de bain**^M

maillot^M **de bain**^M

pull^M **molletonné**

pantalon^M **molletonné**

short^M

tuque^F

habit^M de neige^F

mitaine^F

botte^F

foulard^M

À la maison

pelle^F

râteau^M

boîte^F à outils^M

marteau^M

tournevis^M

tuyau^M d'arrosage^M

brouette^F

balai^M à feuilles^F

couvercle^M

arroseur^M

poubelle^F

escabeau^M

remise^F

jardin^M potager

clôture^F

tondeuse^F

pelouse^F

trapèze^M

nacelle^F

balançoire^F

balancelle^F double

glissoire^F

tricycle^M

piscine^F hors sol^M

ballon^M

voiturette^F

piscine^F creusée

toit^M

garage^M

cheminée^F

fenêtre^F

bac^M à sable^M

porte^F

haie^F

La chambre

coffret^M à bijoux^M

boîte^F à musique^F

mobile^M

cintre^M

table^F à langer

réveil^M

miroir^M

lit^M à barreaux^M

lit^M pliant

tête^F de lit^M

rideau^M

pied^M de lit^M

lampe^F de table^F

CIRCUS

affiche^F

oreiller^M

ours^M en peluche^F

drap^M

édredon^M

commode^F

tapis^M

minichaîne^F stéréo

baladeur^M numérique

plafonnier^M

disque^M compact

baladeur^M

berceuse^F

coffre^M

table^F de chevet^M

chiffonnier^M

patère^F

panier^M à linge^M

armoire^F-penderie^F

pantoufle^F

porte^F

La salle de bain

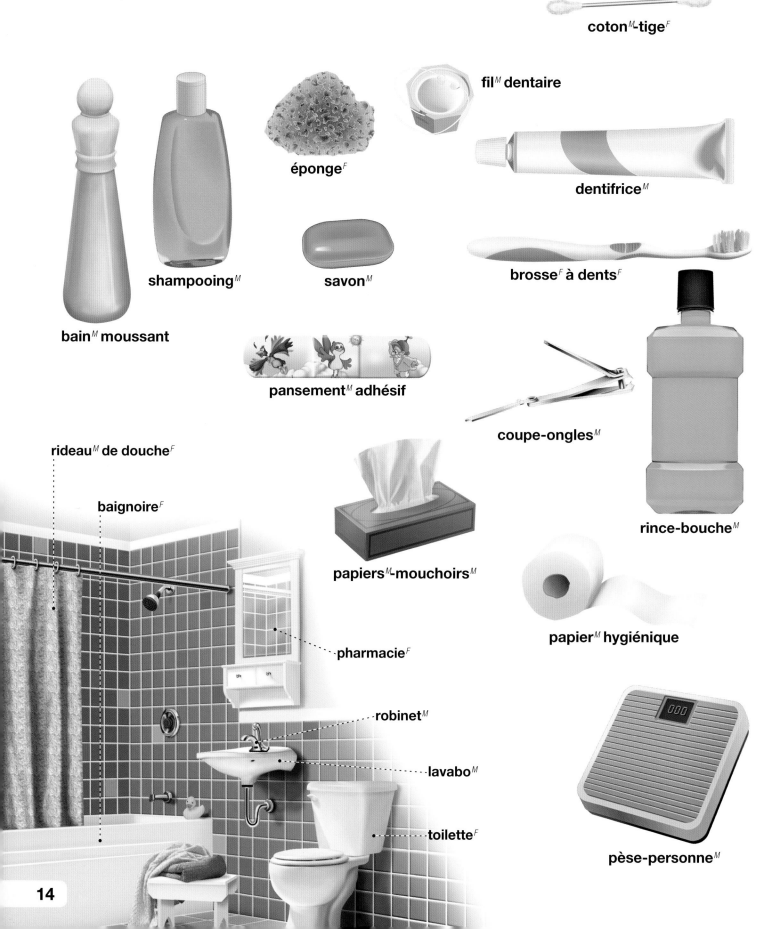

coton^M-tige^F

fil^M dentaire

éponge^F

dentifrice^M

shampooing^M

savon^M

brosse^F à dents^F

bain^M moussant

pansement^M adhésif

coupe-ongles^M

rince-bouche^M

rideau^M de douche^F

baignoire^F

papiers^M-mouchoirs^M

papier^M hygiénique

pharmacie^F

robinet^M

lavabo^M

toilette^F

pèse-personne^M

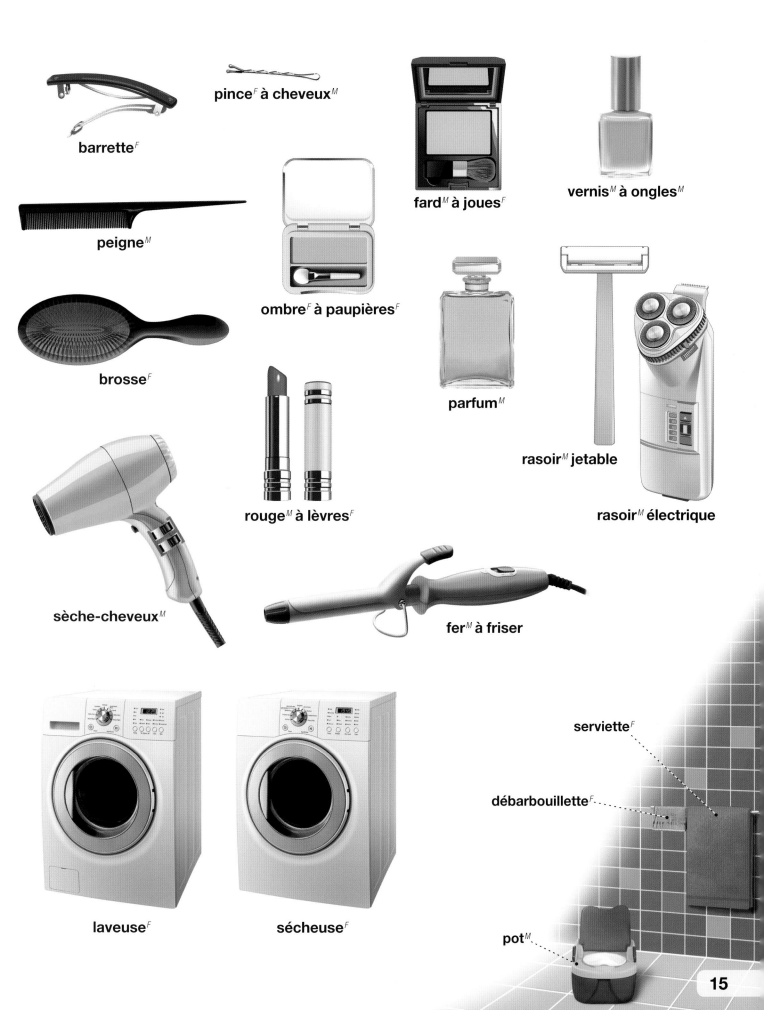

barrette^F

pince^F à cheveux^M

fard^M à joues^F

vernis^M à ongles^M

peigne^M

ombre^F à paupières^F

brosse^F

parfum^M

rasoir^M jetable

rouge^M à lèvres^F

rasoir^M électrique

sèche-cheveux^M

fer^M à friser

serviette^F

débarbouillette^F

laveuse^F

sécheuse^F

pot^M

15

Le salon

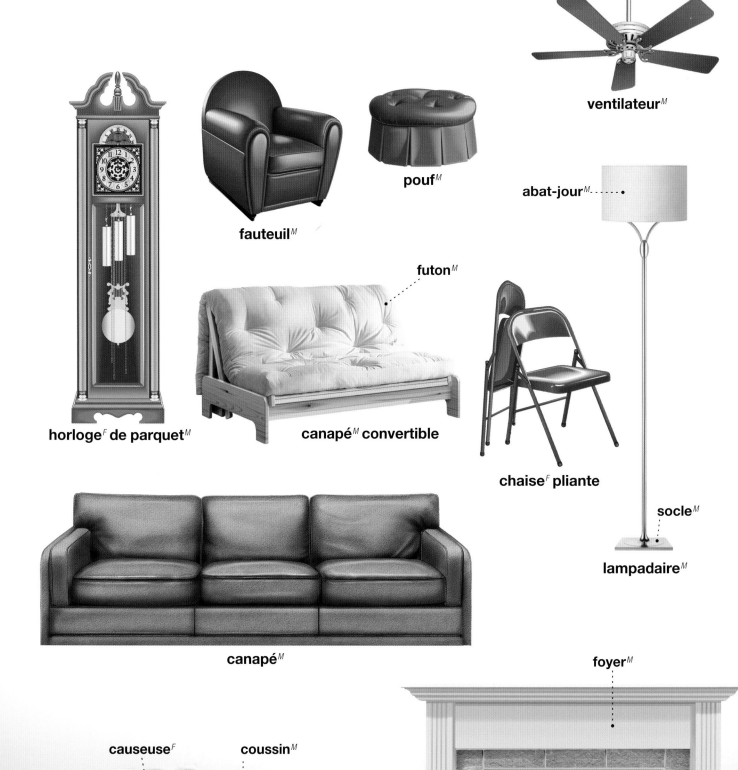

ventilateur^M

pouf^M

abat-jour^M

fauteuil^M

futon^M

horloge^F de parquet^M

canapé^M convertible

chaise^F pliante

socle^M

lampadaire^M

canapé^M

foyer^M

causeuse^F

coussin^M

table^F

téléviseur^M

lecteur^M **de DVD**^M

DVD^M

télécommande^F

récepteur^M **numérique**

lecteur^M **de disque**^M **compact**

casque^M **d'écoute**^F

téléphone^M

minichaîne^F **stéréo**

haut-parleur^M

livre^M

bibliothèque^F

accessoires^M **de foyer**^M

fauteuil^M**-sac**^M

porte-bûches^M

La salle de jeux

hochet^M

planche^F à dessiner

petites voitures^F

pâte^F à modeler

garage^M

train^M miniature

personnage^M à assembler

briques^F

cheval^M à bascule^F

trotteur^M

poupée^F

poussette^F

établi^M

toupie^F

cubes^M

casse-tête^M

anneaux^M à empiler

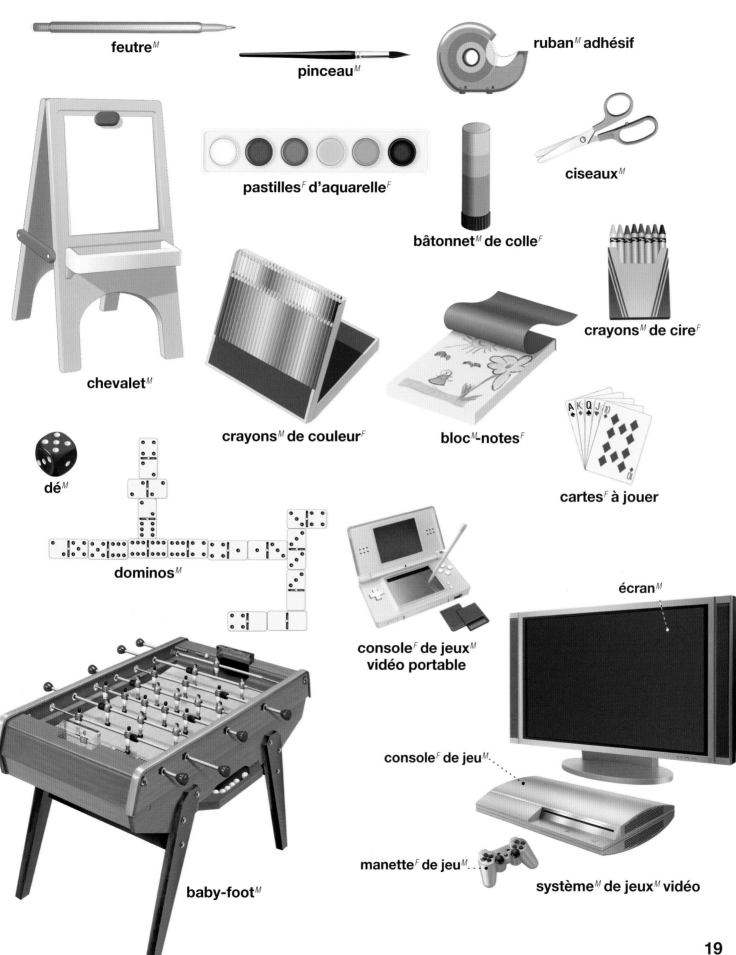

feutre[M]

pinceau[M]

ruban[M] adhésif

pastilles[F] d'aquarelle[F]

bâtonnet[M] de colle[F]

ciseaux[M]

crayons[M] de cire[F]

chevalet[M]

crayons[M] de couleur[F]

bloc[M]-notes[F]

dé[M]

dominos[M]

cartes[F] à jouer

console[F] de jeux[M]
vidéo portable

écran[M]

console[F] de jeu[M]

baby-foot[M]

manette[F] de jeu[M]

système[M] de jeux[M] vidéo

19

La cuisine

four^M **à micro-ondes**^F

grille-pain^M

bouilloire^F

cafetière^F

passoire^F

mélangeur^M

batteur^M **à main**^F

essoreuse^F **à salade**^F

bols^M **à mélanger**

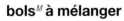
mitaine^F **isolante**

tablier^M

congélateur^M

réfrigérateur^M

armoire^F

évier^M

lave-vaisselle^M

tiroir^M

entonnoir^M

minuteur^M

éponge^F à récurer

torchon^M

tire-bouchon^M

cuillers^F doseuses

tasse^F à mesurer

cuiller^F à crème^F glacée

râpe^F

emporte-pièces^M

éplucheur^M

ouvre-boîtes^M

couteau^M de cuisine^F

presse-agrumes^M

planche^F à découper

moule^M à tarte^F

rouleau^M à pâtisserie^F

cuisinière^F électrique

élément^M de cuisson^F

casserole^F

poêle^F à frire

four^M

plaque^F à pâtisserie^F

marmite^F

moule^M à muffins^M

Le repas

tasse^F

verre^M à vin^M

gobelet^M à bec^M

biberon^M

beurrier^M

sucrier^M

théière^F

pichet^M

chaise^F haute

bavoir^M

bol^M

saladier^M

couteau^M

verre^M

cuiller^F

nappe^F

serviette^F

rehausseur^M

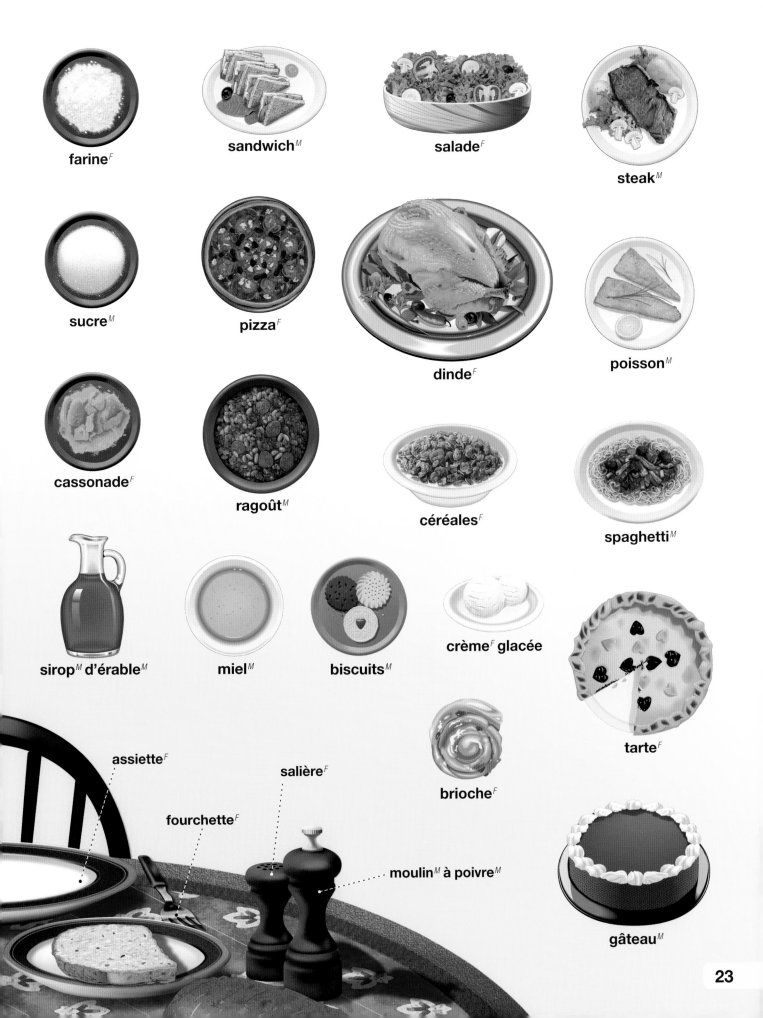

farine^F

sandwich^M

salade^F

steak^M

sucre^M

pizza^F

dinde^F

poisson^M

cassonade^F

ragoût^M

céréales^F

spaghetti^M

sirop^M d'érable^M

miel^M

biscuits^M

crème^F glacée

tarte^F

assiette^F

salière^F

fourchette^F

brioche^F

moulin^M à poivre^M

gâteau^M

Le potager et les légumes

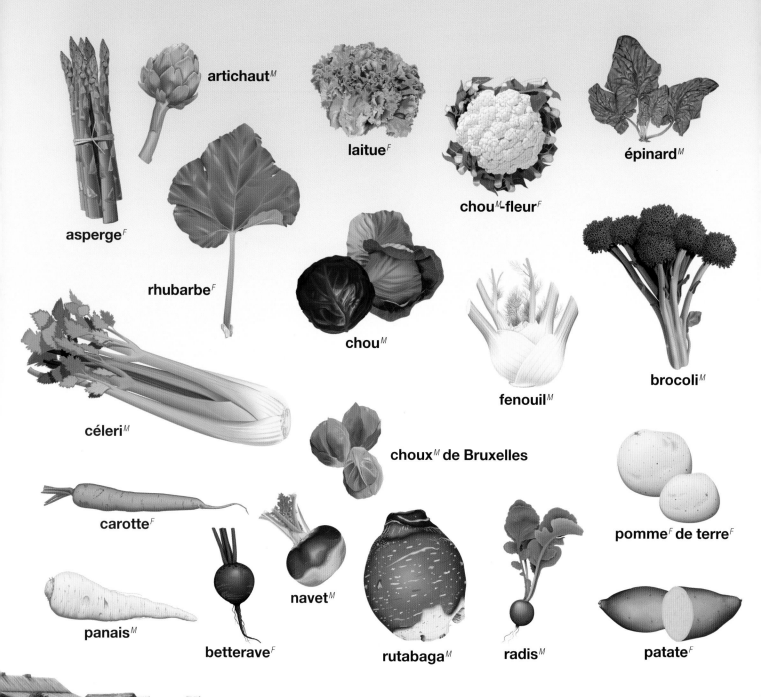

artichaut^M

laitue^F

chou^M-fleur^F

épinard^M

asperge^F

rhubarbe^F

chou^M

fenouil^M

brocoli^M

céleri^M

choux^M de Bruxelles

carotte^F

pomme^F de terre^F

navet^M

panais^M

betterave^F

rutabaga^M

radis^M

patate^F

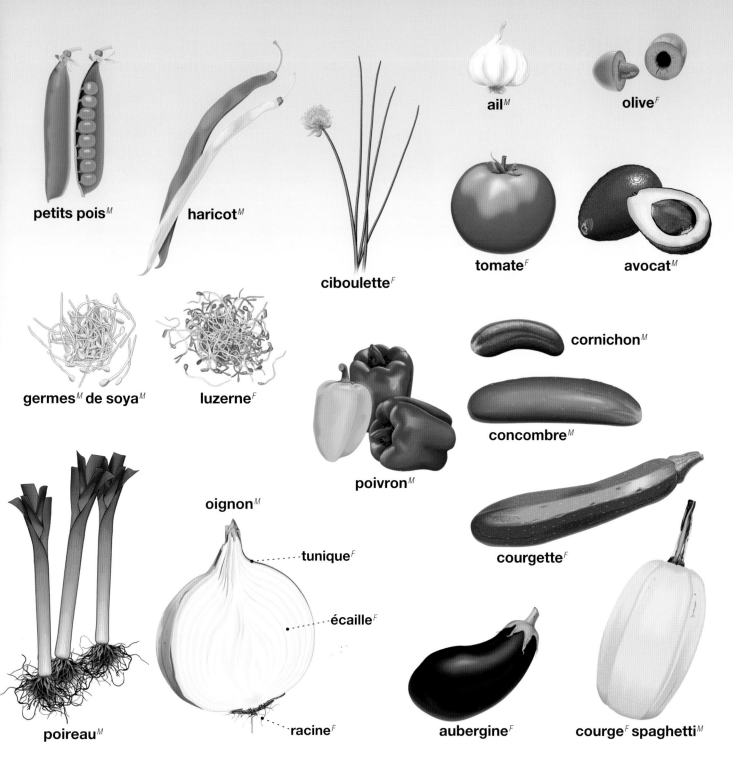

petits pois^M

haricot^M

ciboulette^F

ail^M

olive^F

tomate^F

avocat^M

germes^M de soya^M

luzerne^F

poivron^M

cornichon^M

concombre^M

courgette^F

oignon^M

tunique^F

écaille^F

racine^F

poireau^M

aubergine^F

courge^F spaghetti^M

Les fruits

coupe^F d'une pomme^F

queue^F

peau^F

pépin^M

lime^F

citron^M

poire^F

banane^F

nectarine^F

pêche^F

melon^M brodé

pamplemousse^M

melon^M miel^M

abricot^M

prune^F

orange^F

pomme^F

fraise^F

bleuet^M

melon^M d'eau^F

grenade^F

papaye^F

ananas^M

framboise^F

fruit^M de la passion^F

carambole^F

kiwi^M

canneberge^F

figue^F

mangue^F

raisin^M

cassis^M

gadelle^F

cerise^F

mûre^F

pruneau^M

raisin^M sec

litchi^M

coupe^F d'une orange^F

écorce^F

pulpe^F

zeste^M

quartier^M

noix^F de coco^M

noix^F

27

L'épicerie

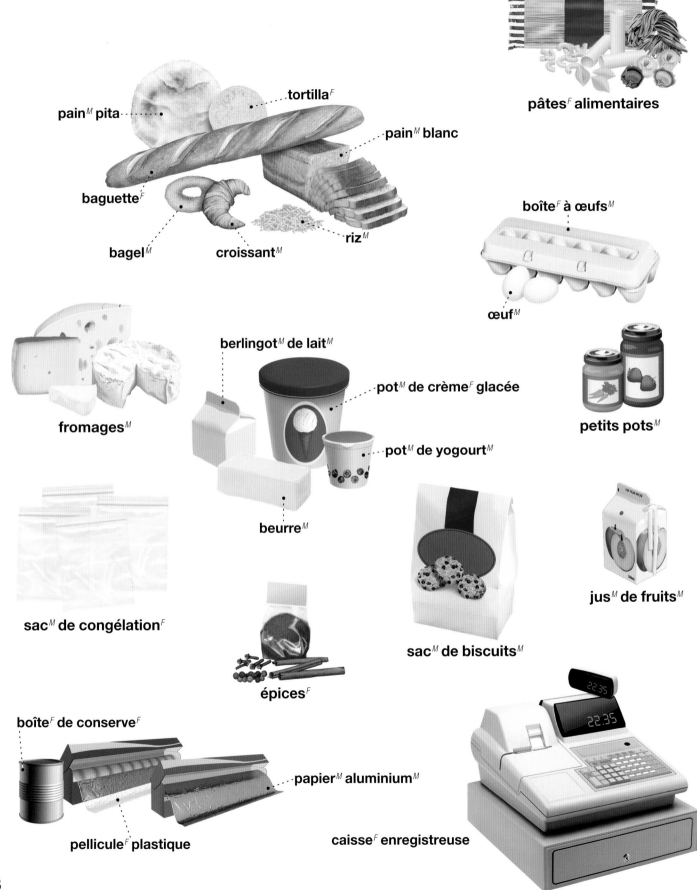

pain*M* pita

tortilla*F*

pain*M* blanc

baguette*F*

bagel*M*

croissant*M*

riz*M*

pâtes*F* alimentaires

boîte*F* à œufs*M*

œuf*M*

fromages*M*

berlingot*M* de lait*M*

pot*M* de crème*F* glacée

pot*M* de yogourt*M*

petits pots*M*

beurre*M*

sac*M* de congélation*F*

épices*F*

sac*M* de biscuits*M*

jus*M* de fruits*M*

boîte*F* de conserve*F*

papier*M* aluminium*M*

pellicule*F* plastique

caisse*F* enregistreuse

bifteck^M

saucisse^F

homard^M

poulet^M

bacon^M

salami^M

jambon^M cuit

tablette^F de chocolat^M

bonbons^M

saumon^M

moule^F

huître^F

ketchup^M

tablette^F

comptoir^M vitré

vinaigre^M de vin^M

huile^F d'olive^F

chariot^M

panier^M

Les animaux familiers

tortue^F

perruche^F

cage^F

bocal^M

serin^M

hamster^M

poisson^M rouge

perroquet^M

cochon^M d'Inde

rat^M

lapin^M

vivarium^M

iguane^M

chat^M

branche^F

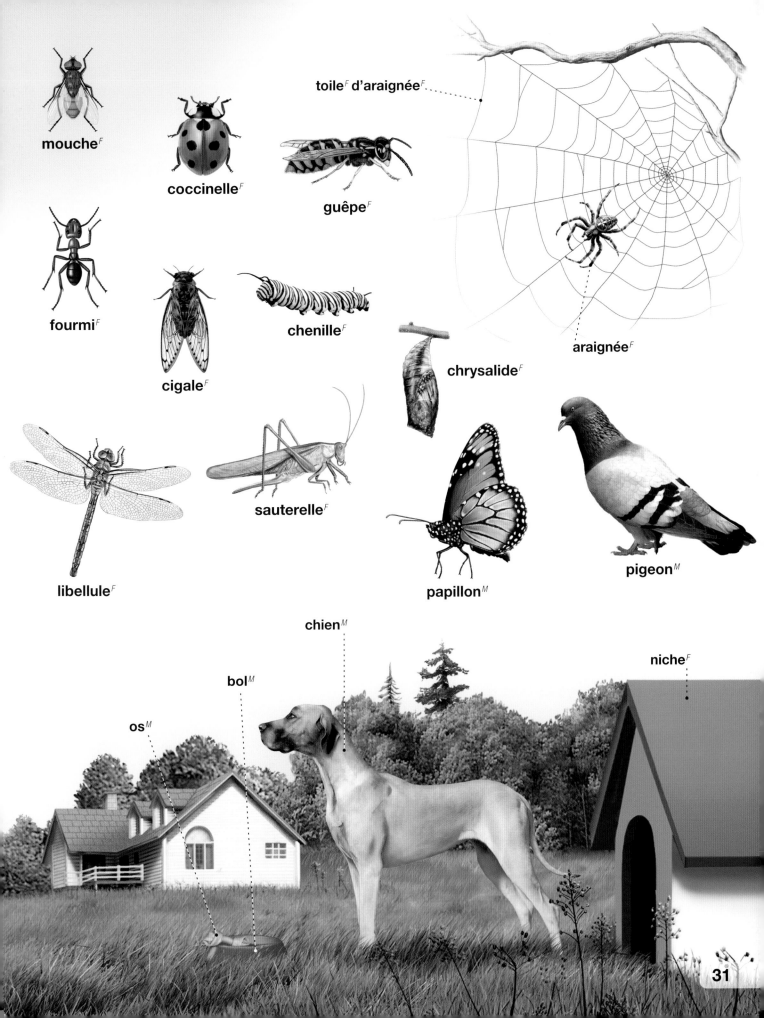

mouche^F

coccinelle^F

guêpe^F

toile^F d'araignée^F

fourmi^F

cigale^F

chenille^F

chrysalide^F

araignée^F

libellule^F

sauterelle^F

papillon^M

pigeon^M

chien^M

niche^F

bol^M

os^M

La ferme

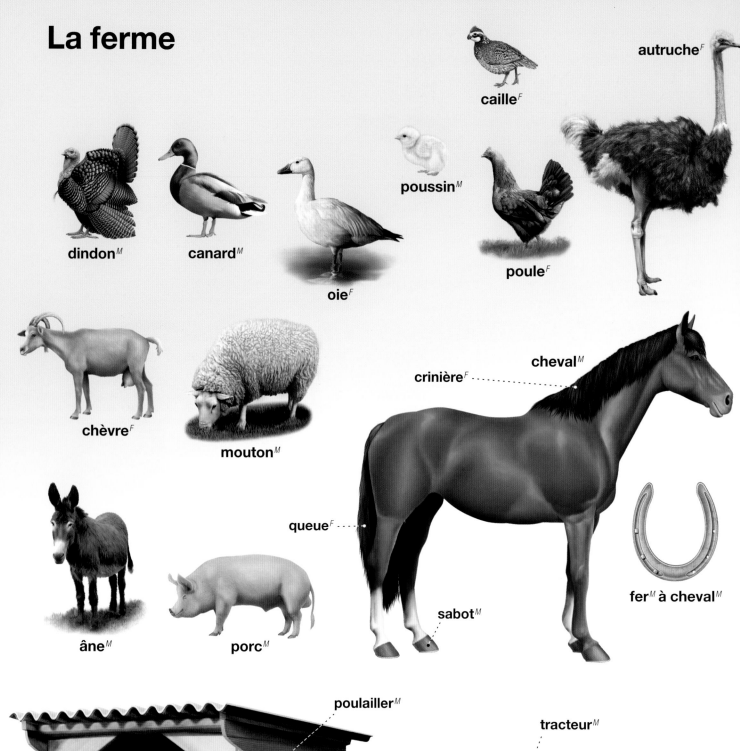

caille^F

autruche^F

poussin^M

dindon^M

canard^M

oie^F

poule^F

crinière^F ·········· cheval^M

chèvre^F

mouton^M

queue^F ·········

âne^M

porc^M

sabot^M

fer^M à cheval^M

poulailler^M

tracteur^M

coq^M

vache^F

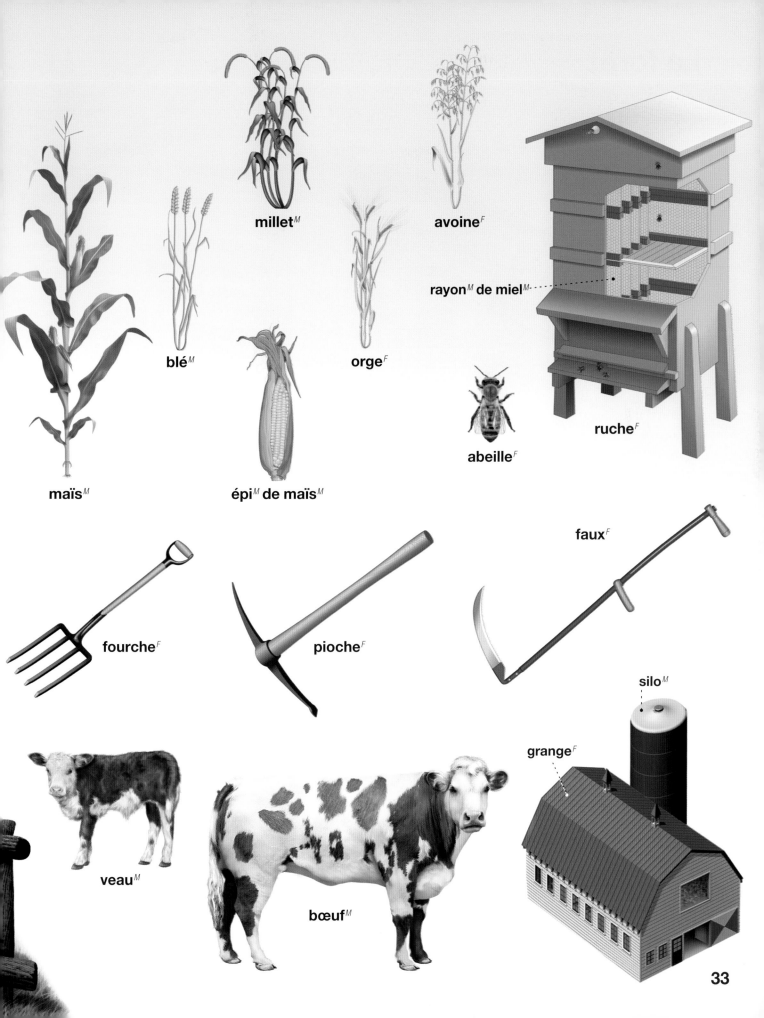

millet^M

avoine^F

blé^M

orge^F

rayon^M de miel^M

abeille^F

ruche^F

maïs^M

épi^M **de maïs**^{M}

faux^F

fourche^F

pioche^F

silo^M

grange^F

veau^M

bœuf^M

La forêt

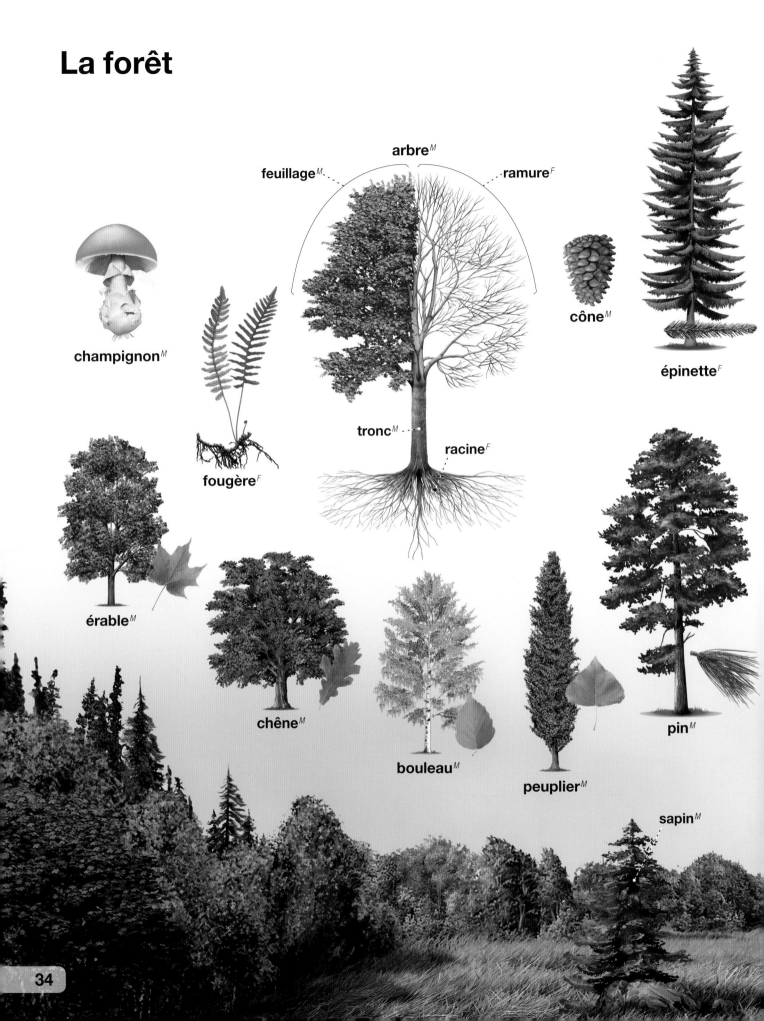

champignon^M

fougère^F

feuillage^M

arbre^M

ramure^F

tronc^M

racine^F

cône^M

épinette^F

érable^M

chêne^M

bouleau^M

peuplier^M

pin^M

sapin^M

moineau^M

chardonneret^M

geai^M

hibou^M

faucon^M

pic^M

rouge-gorge^M

tamia^M

mulot^M

grenouille^F

moufette^F

porc-épic^M

couleuvre^F

écureuil^M

lièvre^M

loup^M

castor^M

orignal^M

ours^M

chevreuil^M

Le désert et la savane

termite^M

mygale^F

gerboise^F

lézard^M

scorpion^M

pince^F

vautour^M

poche^F

kangourou^M

serpent^M à sonnette^F

fennec^M

dromadaire^M

chameau^M

girafe^F

hyène^F

crocodile^M

léopard^M

tigre^M

lion^M

gorille^M

défense^F

trompe^F

éléphant^M

hippopotame^M

zèbre^M

antilope^F

rhinocéros^M

mangouste^F

La mer

masque^M

écran^M solaire

oursin^M

étoile^F de mer^F

lunettes^F de soleil^M

phoque^M

palmes^F

planche^F de surf^M

poisson^M-papillon^M

poisson^M-clown^M

serviette^F de plage^F

algue^F

coquillages^M

requin^M

seau^M

pelle^F

château^M de sable^M

dauphin^M

raie^F

hippocampe^M

palmier^M

crabe^M

pélican^M

baleine^F

tentacule^M

ventouse^F

pieuvre^F

parasol^M

goéland^M

Les dinosaures

stégosaure^M

allosaure^M

pachycephalosaure^M

hadrosaure^M

deinonychus^M

brachiosaure^M

ankylosaure^M

rhamphorynchus[M]

spinosaure[M]

diplodocus[M]

parasaurolophus[M]

tyrannosaure[M]

tricératops[M]

Les plantes

pissenlit^M

chardon^M

orchidée^F

muguet^M

marguerite^F

pétale^M

œillet^M

crocus^M

jonquille^F

rose^F

coquelicot^M

lis^M

tulipe^F

bassin^M

arbuste^M

allée^F

tournesol^M

arrosoir^M

mangeoire^F

transplantoir^M

griffe^F **à fleurs**^F

sécateur^M

bourgeon^M

fleur^F

maison^F **d'oiseau**^M

gants^M **de jardinage**^M

tige^F

feuille^F

racine^F

plante^F

bêche^F

bac^M **à compost**^M

L'espace

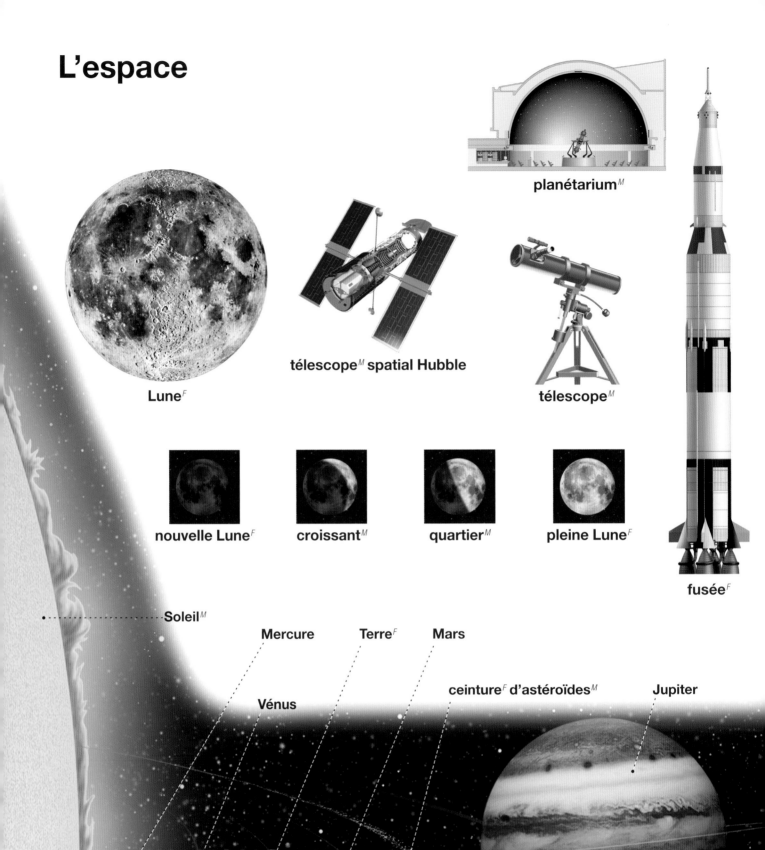

planétarium^M

télescope^M spatial Hubble

télescope^M

Lune^F

nouvelle Lune^F croissant^M quartier^M pleine Lune^F

fusée^F

Soleil^M

Mercure   Terre^F Mars

Vénus

ceinture^F d'astéroïdes^M Jupiter

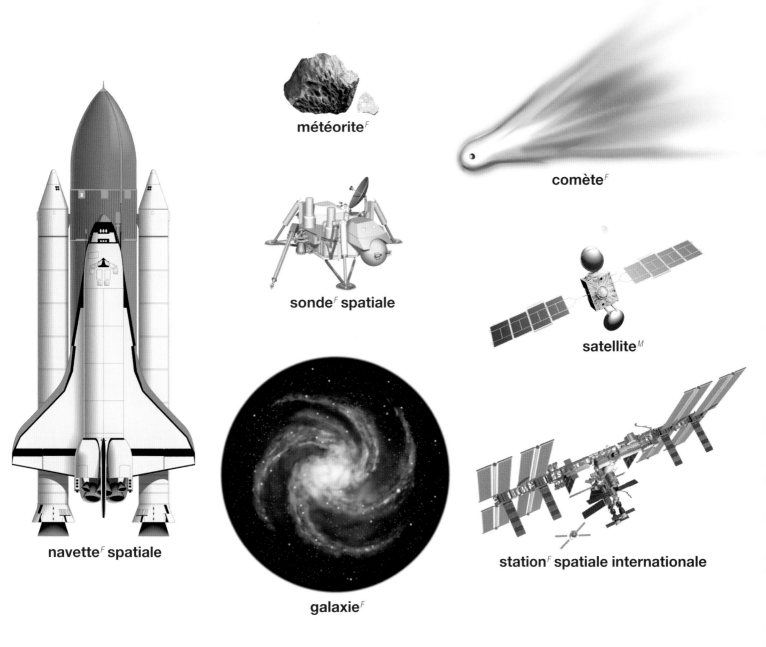

météorite^F

comète^F

sonde^F spatiale

satellite^M

navette^F spatiale

galaxie^F

station^F spatiale internationale

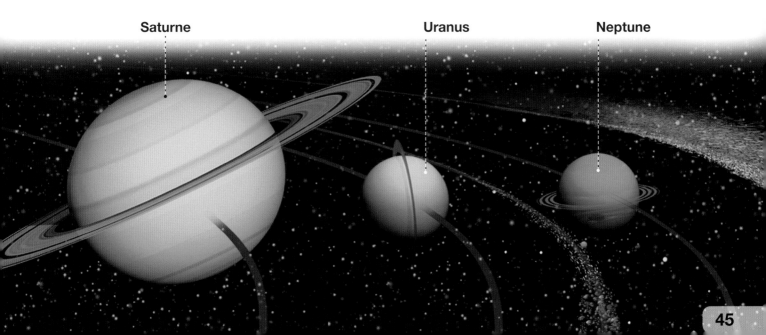

Saturne

Uranus

Neptune

Les paysages de la Terre

littoral^M

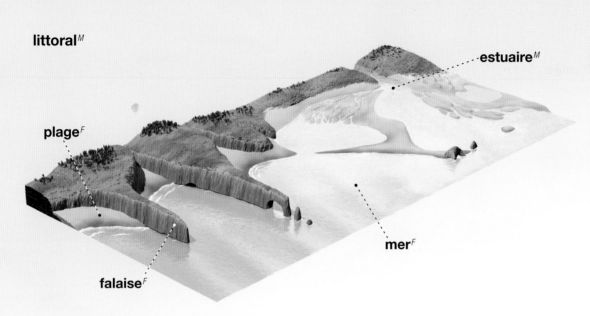

estuaire^M

plage^F

mer^F

falaise^F

glacier^M

toundra^F

prairie^F

forêt^F mixte

forêt^F tropicale

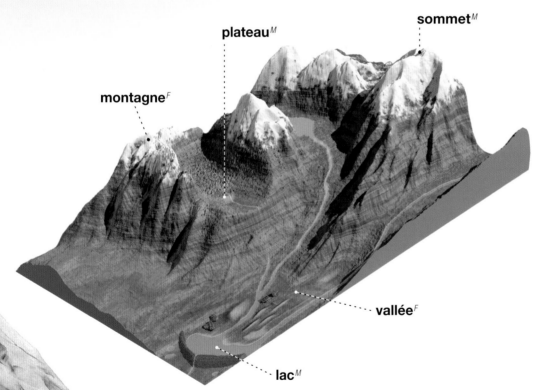

plateau^M

sommet^M

montagne^F

vallée^F

lac^M

colline^F

volcan^M

cratère^M

nuage^M **de cendres**^{F}

coulée^F **de lave**^{F}

cheminée^F

magma^M

grotte^F

désert^M

butte^F

dune^F

oasis^F

Le temps qu'il fait

arc-en-ciel^M ·························· •

printemps^M

été^M

automne^M

hiver^M

parapluie^M

tornade^F

nuage^M en entonnoir^M

rosée^F

brume^F

brouillard^M

givre^M

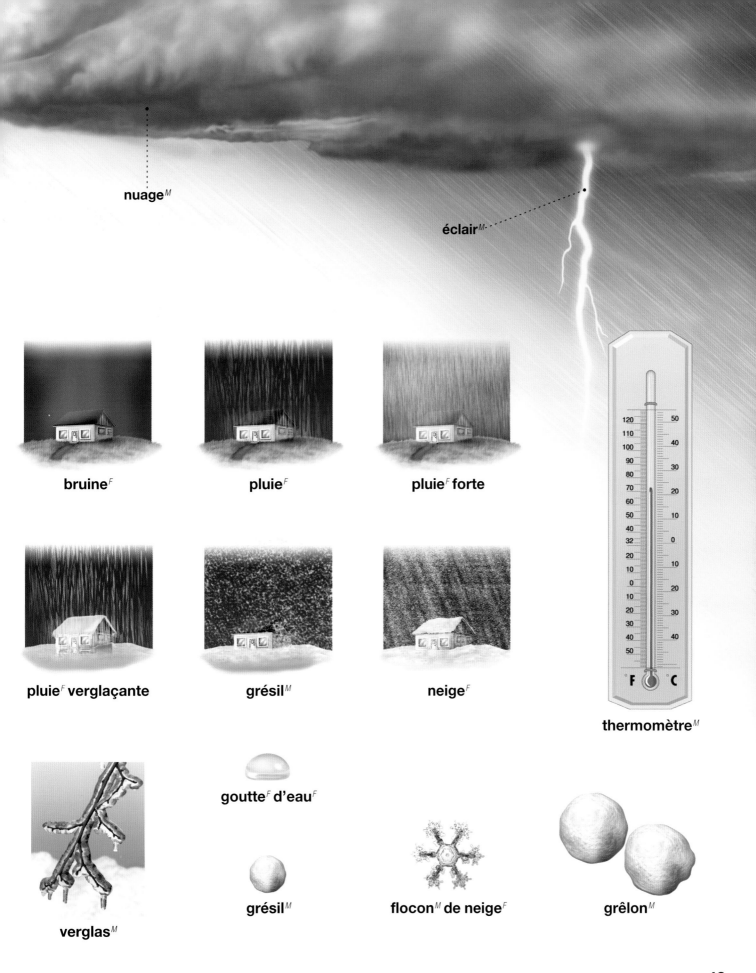

nuage^M

éclair^{M-}

bruine^F

pluie^F

pluie^F forte

pluie^F verglaçante

grésil^M

neige^F

thermomètre^M

verglas^M

goutte^F d'eau^F

grésil^M

flocon^M de neige^F

grêlon^M

49

Les transports sur l'eau

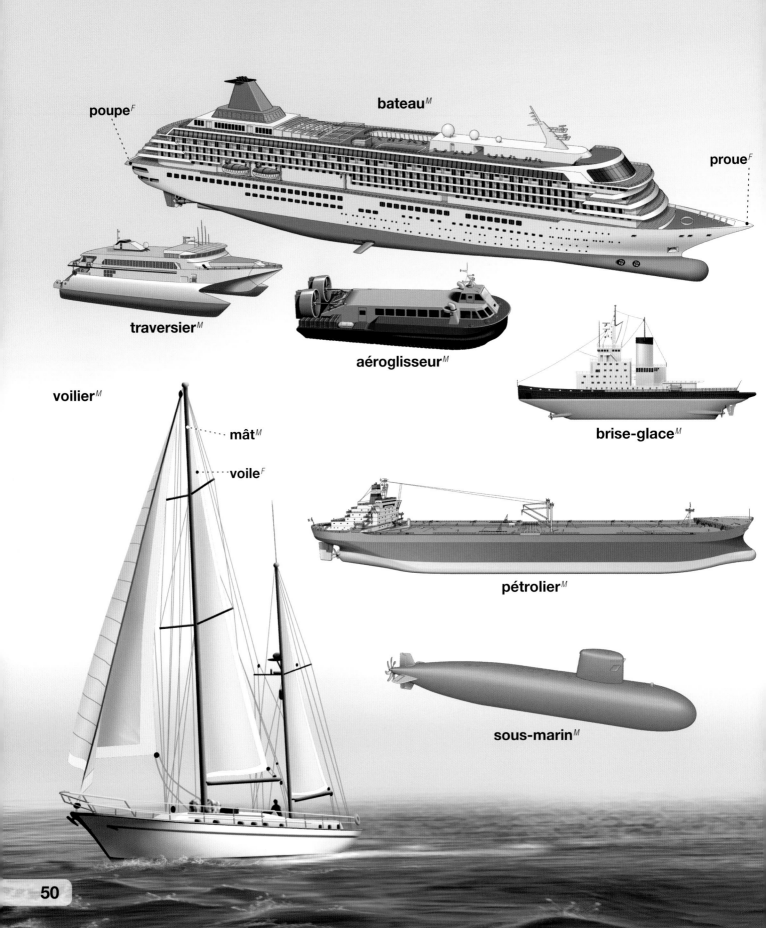

poupe^F

bateau^M

proue^F

traversier^M

aéroglisseur^M

brise-glace^M

voilier^M

mât^M

voile^F

pétrolier^M

sous-marin^M

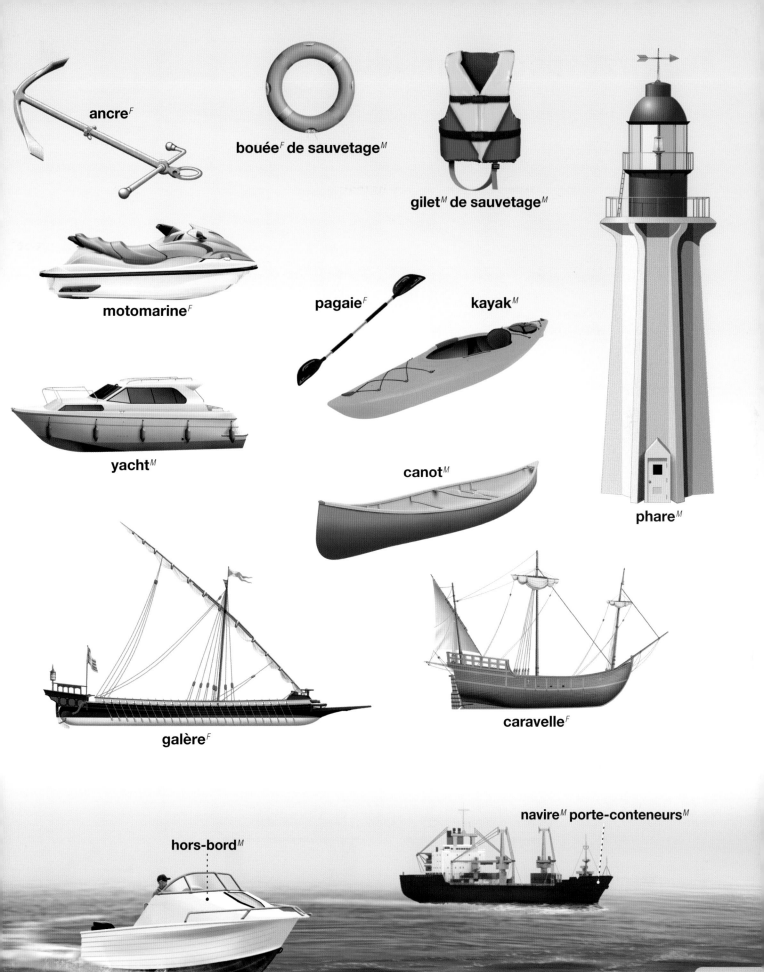

ancre^F

bouée^F de sauvetage^M

gilet^M de sauvetage^M

motomarine^F

pagaie^F

kayak^M

yacht^M

canot^M

phare^M

galère^F

caravelle^F

hors-bord^M

navire^M porte-conteneurs^M

Les transports dans les airs

queue^F

avion^M

fuselage^M

moteur^M

aile^F

nez^M

hublot^M

tour^F de contrôle^M

transbordeur^M

escalier^M d'accès^M

chariot^M à bagages^M

tracteur^M

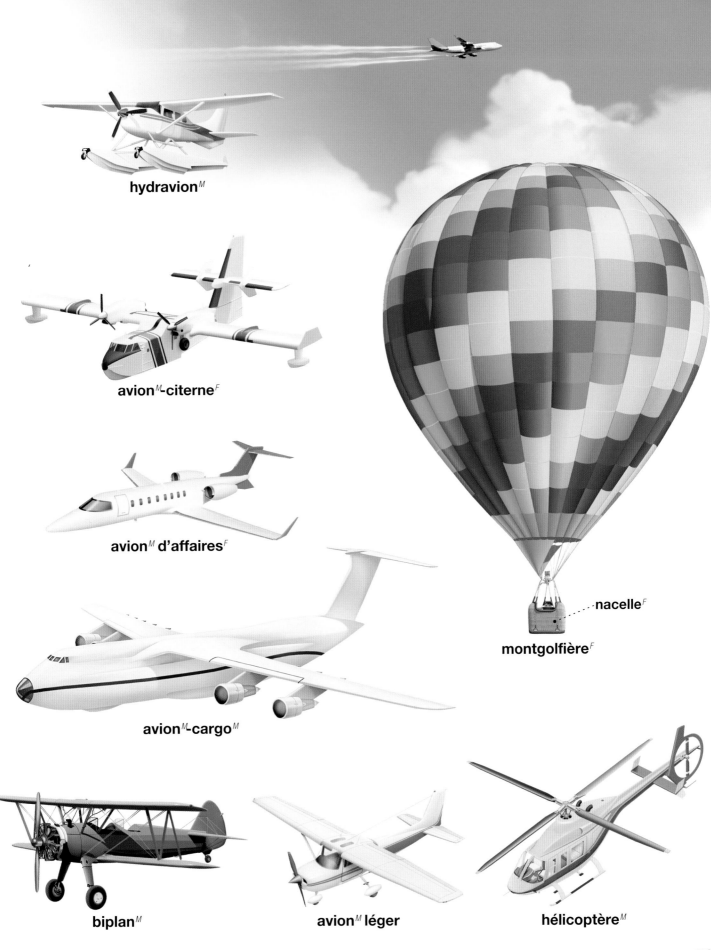

hydravion^M

avion^M**-citerne**^{F}

avion^M **d'affaires**^{F}

avion^M**-cargo**^{M}

nacelle^F

montgolfière^F

biplan^M

avion^M **léger**

hélicoptère^M

Les transports sur la terre

bicyclette^F

guidon^M

selle^F

pédale^F

roue^F **stabilisatrice**

chaîne^F

remorque^F **de vélo**^M

demi-vélo^M

casque^M **de vélo**^M

siège^M **de vélo**^M **pour enfant**^M

moto^F

scooter^M

passage^M **à niveau**^M

voie^F **ferrée**

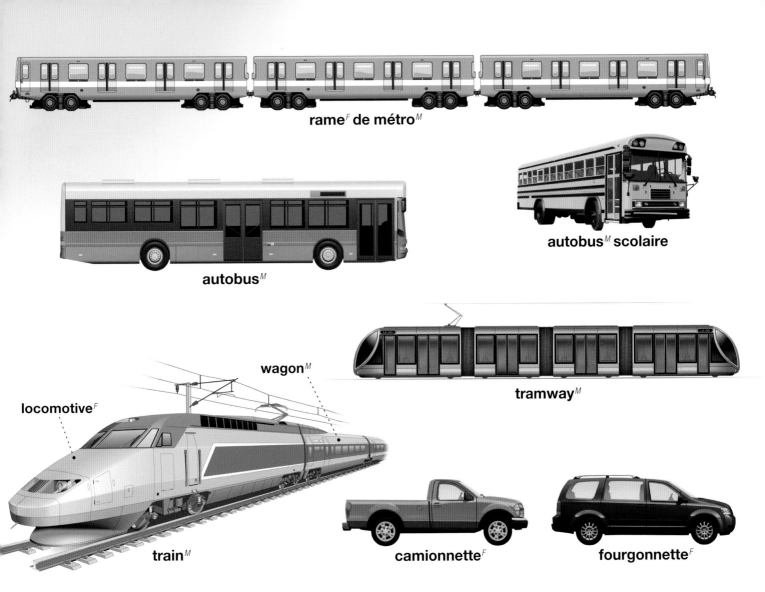

rame^F de métro^M

autobus^M

autobus^M scolaire

wagon^M

tramway^M

locomotive^F

train^M

camionnette^F

fourgonnette^F

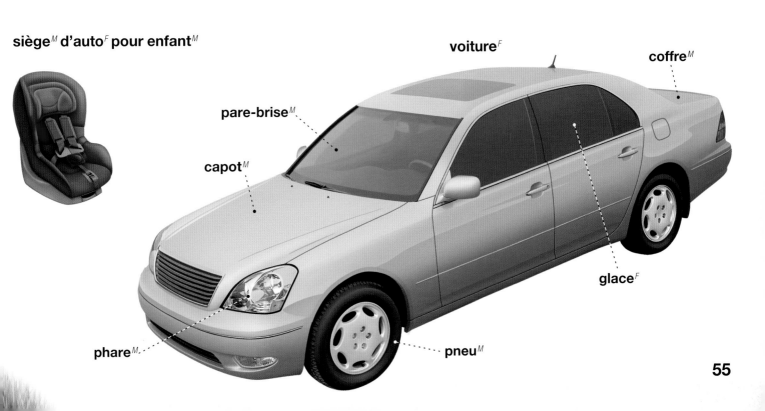

siège^M d'auto^F pour enfant^M

voiture^F

coffre^M

pare-brise^M

capot^M

glace^F

phare^M

pneu^M

55

La ville

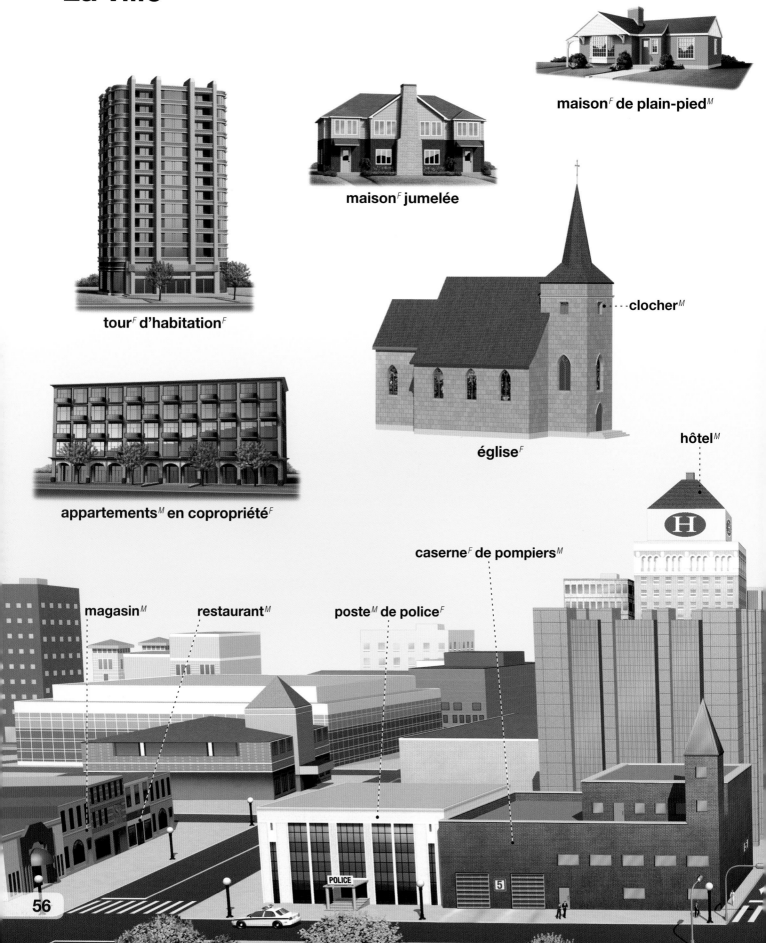

maison^F de plain-pied^M

maison^F jumelée

tour^F d'habitation^F

clocher^M

église^F

hôtel^M

appartements^M en copropriété^F

caserne^F de pompiers^M

magasin^M

restaurant^M

poste^M de police^F

POLICE

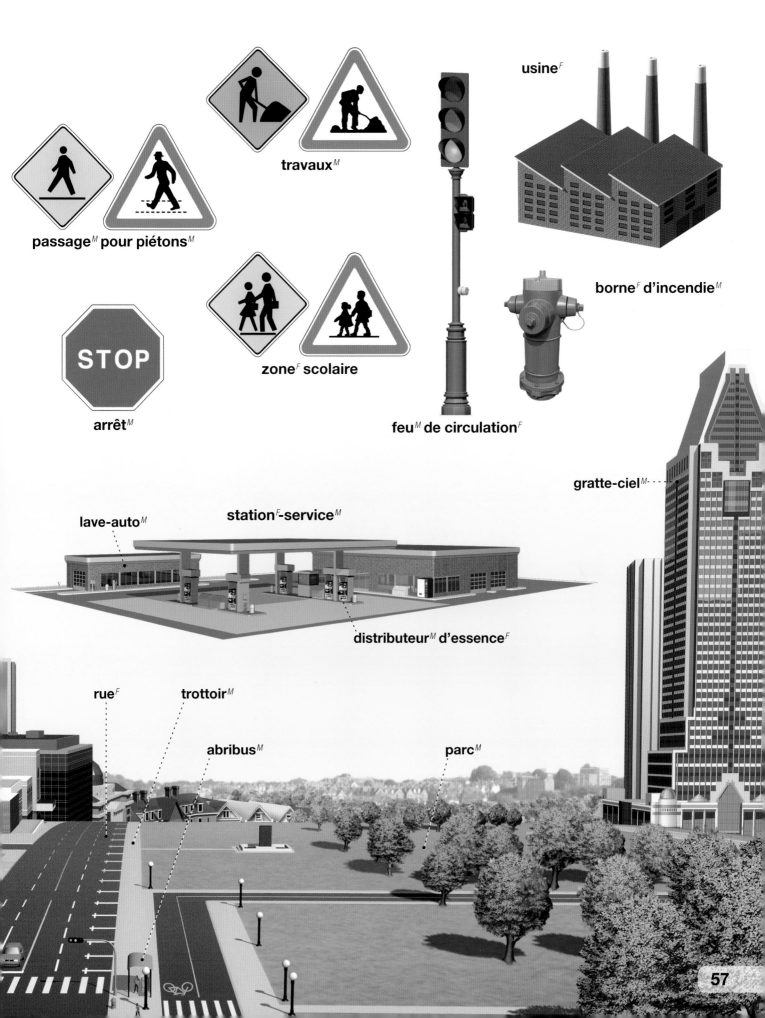

passage^M pour piétons^M

travaux^M

usine^F

zone^F scolaire

arrêt^M

borne^F d'incendie^M

feu^M de circulation^F

gratte-ciel^M

lave-auto^M

station^F-service^M

distributeur^M d'essence^F

rue^F

trottoir^M

abribus^M

parc^M

57

Les métiers

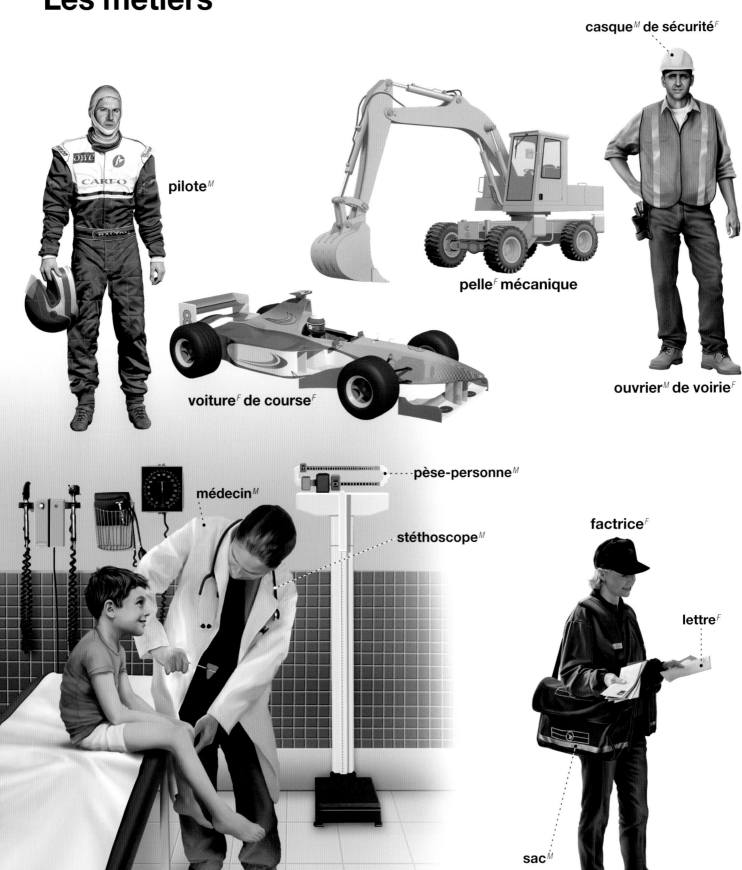

casque^M de sécurité^F

pilote^M

pelle^F mécanique

voiture^F de course^F

ouvrier^M de voirie^F

pèse-personne^M

médecin^M

stéthoscope^M

factrice^F

lettre^F

sac^M

hache^F

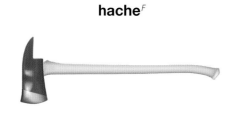

pompier^M

casque^M

bouteille^F **d'air**^M **comprimé**

masque^M

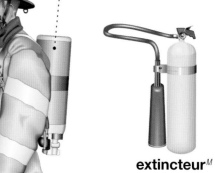

extincteur^M

camion^M **d'incendie**^M

tuyau^M **d'incendie**^M

voiture^F **de police**^F

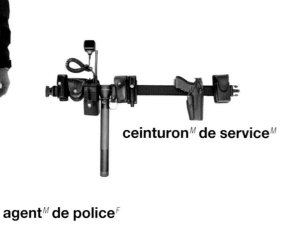

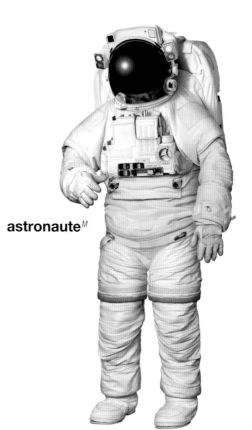

astronaute^M

ceinturon^M **de service**^M

agent^M **de police**^F

L'école

calculatrice^F

rapporteur^M d'angle^M

agrafes^F

agrafeuse^F

pince-notes^M

punaises^F

équerre^F

perforatrice^F

trombones^M

craie^F

babillard^M

brosse^F

globe^M terrestre

sac^M à dos^M

tableau^M

carte^F géographique

pendule^F

clé^F USB

élève^M

chaise^F

bureau^M d'élève^M

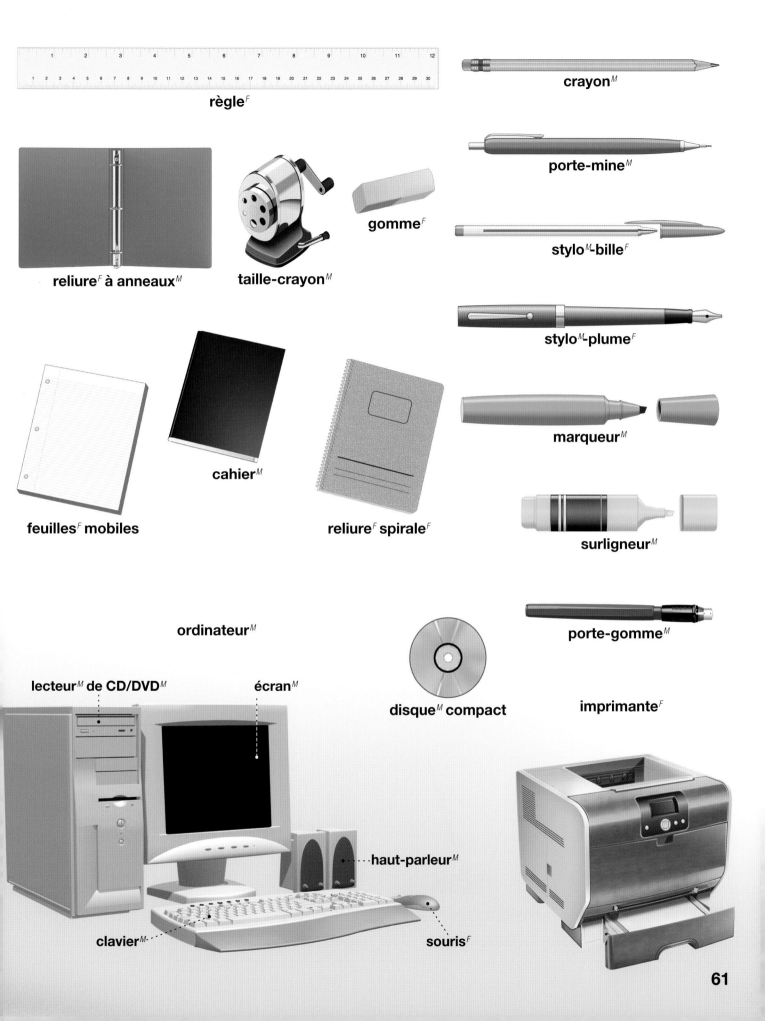

règle^F

crayon^M

porte-mine^M

reliure^F à anneaux^M

taille-crayon^M

gomme^F

stylo^M-bille^F

stylo^M-plume^F

feuilles^F mobiles

cahier^M

reliure^F spirale^F

marqueur^M

surligneur^M

ordinateur^M

disque^M compact

porte-gomme^M

lecteur^M de CD/DVD^M

écran^M

imprimante^F

haut-parleur^M

clavier^M

souris^F

Les couleurs et les formes

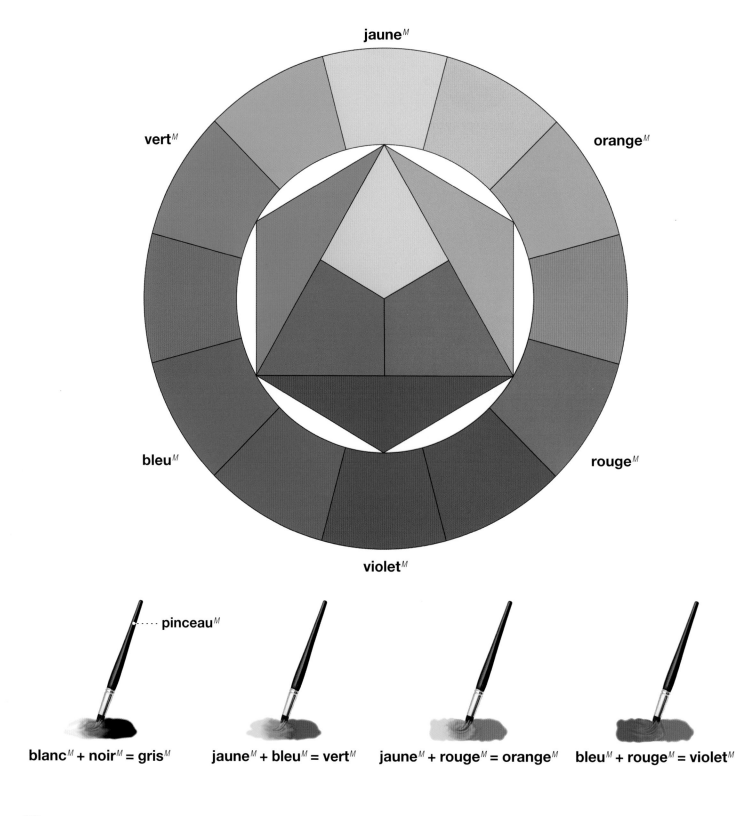

jaune^M

orange^M

vert^M

rouge^M

bleu^M

violet^M

······ pinceau^M

blanc^M + noir^M = gris^M   jaune^M + bleu^M = vert^M   jaune^M + rouge^M = orange^M   bleu^M + rouge^M = violet^M

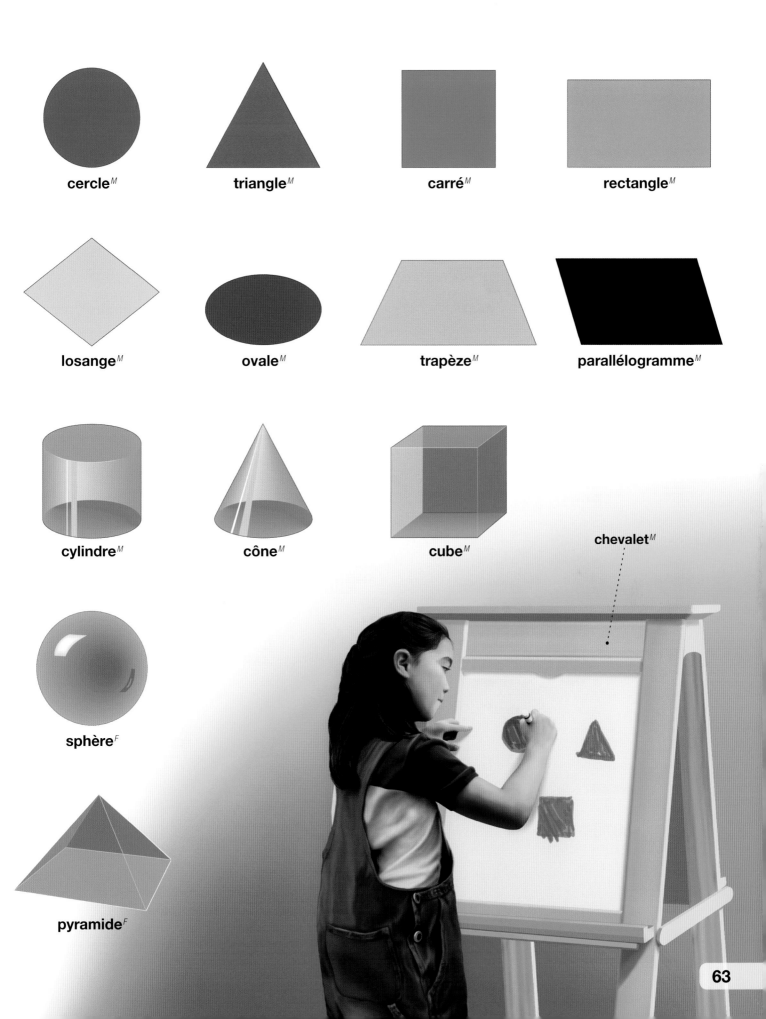

cercle^M

triangle^M

carré^M

rectangle^M

losange^M

ovale^M

trapèze^M

parallélogramme^M

cylindre^M

cône^M

cube^M

chevalet^M

sphère^F

pyramide^F

Les chiffres et les lettres

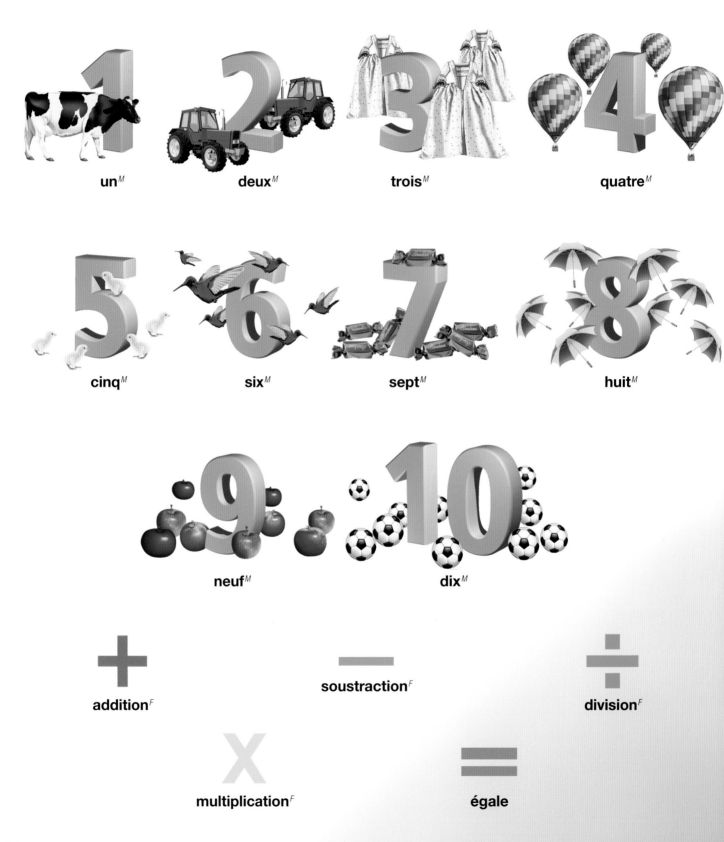

un^M

deux^M

trois^M

quatre^M

cinq^M

six^M

sept^M

huit^M

neuf^M

dix^M

addition^F

soustraction^F

division^F

multiplication^F

égale

Aa Bb Cc Dd Ee
Ff Gg Hh Ii Jj Kk
Ll Mm Nn Oo Pp
Qq Rr Ss Tt Uu Vv
Ww Xx Yy Zz

boulier^M

La musique

saxophone^M

anche^F

levier^M de clé^F

pavillon^M

harmonica^M

accordéon^M

trompette^F

tuba^M

métronome^M

synthétiseur^M

flûte^F traversière

clarinette^F

flûte^F à bec^M

piano^M

harpe^F

clavier^M

pédales^F

batterie^F

xylophone^M

mailloches^F

castagnettes^F

tambourin^M

baguettes^F

triangle^M

cymbales^F

cheville^F

médiator^M

manche^M

caisse^F **de résonance**^F

guitare^F **électrique**

maracas^M

grelots^M

archet^M

violon^M

guitare^F **acoustique**

pupitre^M **à musique**^F

Les sports

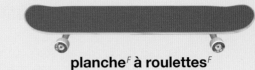
planche^F à roulettes^F

boule^F de quilles^F

quille^F

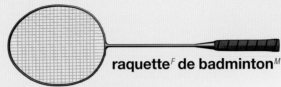
raquette^F de badminton^M

volant^M

raquette^F de tennis^M

balle^F de tennis^M

raquette^F de tennis^M de table^F

gardienne^F de but^M but^M

balle^F de baseball^M

gant^M de baseball^M

joueuse^F de soccer^M

patin^M à roues^F alignées

patin^M de patinage^M artistique

maillot^M

ballon^M de soccer^M

protège-lame^M

planche^F **à neige**^{F}

karatéka^F

panier^M

skieur^M **alpin**

ballon^M **de basket**^{M}

joueur^M **de hockey**^{M}

casque^M

nageur^M

joueur^M **de basketball**^{M}

sprinteuse^F

bâton^M

footballeur^M

ballon^M **de football**^{M}

balle^F **de golf**^{M}

trampoline^M

bâton^M **de golf**^{M}

Le camping

couteau*M* suisse

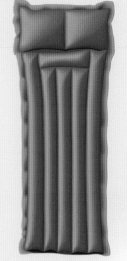

matelas*M* pneumatique

sac*M* de couchage*M*

matelas*M* mousse*F*

boîte*F* d'allumettes*F*

ustensiles*M* de campeur*M*

gonfleur*M*

tasse*F*

bouteille*F* isolante

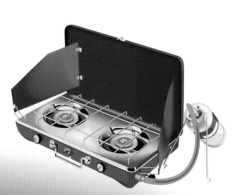

réchaud*M*

poêle*F* à frire

assiette*F*

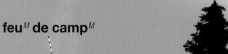

feu*M* de camp*M*

pile[F]

lampe[F] de poche[F]

lanterne[F]

cruche[F]

tente[F]-caravane[F]

fauteuil[M] pliant

glacière[F]

caravane[F]

auto[F]-caravane[F]

table[F] de pique-nique[M]

tente[F]

double toit[M]

porte[F]

piquet[M]

Les fêtes

gâteau^M d'anniversaire^M

bougie^F

confettis^M

serpentins^M

pétards^M

papier^M d'emballage^M

ballon^M

guirlande^F de papier^M

flûte^F

chapeau^M

carte^F de vœux^M

sac^M à surprises^F

feu^M d'artifice^M

masque^M

œufs^M de Pâques^F

ruban^M

cadeau^M

citrouille^F d'Halloween^F

étoile^F

boule^F

guirlande^F

sac^M cadeau^M

piñata^F

arbre^M de Noël^M

Les costumes et les personnages

magicien^M

jongleur^M

monstre^M

princesse^F

roi^M

gnome^M

robot^M

sorcière^F

fée^F

traîneau^M

renne^M

père^M Noël^M

fantôme^M

chevalier^M

guerrier^M **gaulois**

soldat^M

légionnaire^M **romain**

pirate^M

cowboy^M

Amérindienne^F

ballerine^F

dompteur^M

clown^M

dragon^M

75

Index